El Gran Sueño de Leo

Una historia sobre el dinero, los sueños y cómo construir un futuro

Escrito por: David J. Hernández

El Plan de Leo — Parte 1

www.elplandeleo.com

Aviso Legal:
La información contenida en este libro tiene fines informativos y educativos únicamente, y no debe utilizarse como asesoramiento profesional. Si bien el contenido se inspira en hechos reales, los personajes y las situaciones son ficticios. Cualquier parecido con personas reales, vivas o fallecidas, o con hechos reales, es pura coincidencia. Este libro no pretende ofrecer asesoramiento legal, financiero ni de otro tipo, y se recomienda consultar con un profesional cualificado antes de implementar cualquier información o estrategia aquí mencionada. Los resultados pueden variar según la persona y sus circunstancias específicas. David J. Hernández es agente inmobiliario con licencia y sus opiniones son propias. Dichas opiniones, tal como se expresan en esta obra, no representan las de ninguna asociación o empresa inmobiliaria con la que él esté afiliado en el momento de la publicación.

Aviso sobre contenido generado por IA:
Todas las imágenes de este libro fueron generadas por Gemini. Tres de ellas fueron ampliadas ligeramente mediante la función Magic Extend de Canva. El material original fue escrito principalmente por el autor, David J. Hernández, con ediciones, añadidos y mejoras posteriores realizadas con la ayuda de ChatGPT y Gemini para facilitar su lectura y hacerla más accesible a un público más amplio. El material también se actualizó para ajustarse a los tiempos de hoy.

ISBN: 978-1-970954-03-6 Número de control de la Biblioteca del Congreso: Pendiente Impreso en los Estados Unidos de América

DEDICATORIA

Dedicado a cada niño o niña que alguna vez escuchó: “no podemos pagar eso” y aún así se atrevió a soñar.

A todos los padres que han sentido el dolor de no poder darles más a sus hijos.

A todos a los que les dijeron: “tú no puedes” y aún así fueron y lo hicieron.

A mi madre, Berta, por su amor, fe, fortaleza, sabiduría y perseverancia.

A mi familia inmediata, a mi familia extendida y a todos mis buenos amigos.

A aquellos que me han inspirado y han influenciado mi vida, porque sus lecciones de vida sí importaron.

Contenido

AGRADECIMIENTO

Quiero agradecer a todas las personas que me regalaron parte de su tiempo para leer las primeras versiones de este libro y me brindaron sus comentarios para ayudarme a llegar a esta versión final.

Su perspicacia me fue de gran ayuda para mantener este trabajo sencillo y con los pies en la tierra.

También quiero agradecer a mi familia por su infinita paciencia durante las largas noches que pasé frente a la computadora.

Por Qué Escribí Esta Historia

El dinero puede ser confuso — especialmente cuando eres niño.

La mayoría de nosotros no crecimos sabiendo cómo funcionaba el dinero, o cómo funcionaban los negocios o los edificios de alquiler, ni cómo la renta podía convertirse en una oportunidad financiera. La mayoría de las personas que conocíamos eran inquilinos, como nosotros. Algunas de ellas se mudaban seguido. Muchas de ellas luchaban muy duro para salir adelante.

Para muchas familias nunca hubo una conversación sobre otras formas de hacer dinero que sean diferentes a la de trabajar duro físicamente. En algunos casos, eso era todo lo que sabían algunos de nuestros padres.

Esta historia es para familias como las nuestras, que han tenido que trabajar duro por todo lo que tenemos ahora.

Es para niños que se dan cuenta de las cosas.

Para padres que quieren algo mejor para sus familias, pero que a veces no saben por dónde empezar.

Para maestros y líderes comunitarios que creen en que hay que sembrar las semillas desde temprano.

Esta historia no se trata de cómo hacerse rico rápido.

Se trata de aprender, ser inteligente y entender cómo funciona el dinero.

Se trata de empezar temprano para crear un legado para tu familia.

Se trata de darte cuenta de que ser dueño de algo no es solo para "otra clase de gente".

Con la guía, información y estrategia correctas, todos podemos construir un patrimonio duradero.

Esta historia es para ti.

Y espero que sea solo el comienzo de algo más grande.

— **David J. Hernández**

El Gran Sueño de Leo

Capítulo 1

Leo Se Pregunta Sobre el Dinero

Leo Castillo estaba sentado en los escalones frente a su casa, balanceando las piernas mientras jugaba con una piedrecita entre sus manos, y miraba a sus vecinos llevar las bolsas del mandado hacia el edificio de la esquina.

No estaba pensando en la escuela.

No estaba pensando en caricaturas.
Estaba pensando en algo mucho más confuso.

El dinero.

Leo susurró para sí mismo: "¿Por qué parece que los adultos siempre están preocupados por el dinero?"

Su mamá había sonreído esa mañana, como siempre — pero la sonrisa de Teresa no había llegado del todo a sus ojos. Su papá, mientras se frotaba las sienes, dijo: "Vamos a encontrar la forma". Leo no sabía exactamente qué estaban tratando de resolver.

Pero sentía la presión y notaba cómo la ansiedad iba apoderándose de su mamá.

Las cuentas se estaban acumulando otra vez.

Y luego, su mejor amigo Lucas. Su familia se había mudado hace casi dos meses — era la segunda vez en dos años. Lo recuerda muy bien porque se mudaron justo un mes antes de que Leo cumpliese once años.

La familia de Leo era dueña de su casa — una pequeña casa familiar en una cuadra transitada, con un pago de hipoteca económico — pero aun así hablaban del dinero como si fuese un fantasma. Siempre presente, siempre rondando, nunca era lo suficiente.

Arrojó la piedrecita hacia el frente de la casa, donde había un lecho de piedras blancas y una hilera de ladrillos decorativos.

Leo había escuchado a diferentes personas quejarse:

"¿Por qué la renta está tan cara?"

"¿Por qué no nos podemos quedar en la misma casa por más de un año?"

"No quiero volver a dejar a mis amigos y empezar de nuevo".

“No alcanza el dinero”.

Ya había escuchado esas frases antes —de Lucas, de algunos de sus otros amigos, de su propia familia— y se sentían como ecos en su cabeza.

Fue entonces que escuchó una voz que lo llamaba.

"¡Hola Leo! ¡Ven acá mijo!"

Era la tía Rosa, parada junto a su carro, sacudiendo las llaves con una mano y sosteniendo una bolsa de papel con la otra.

"Traigo conchas". Lo dijo con una sonrisa.

Leo se levantó de un salto. "¡Ya voy!"

A Leo le caía bien la tía Rosa. Siempre traía antojitos. Y nunca le hablaba como si fuera un niño chiquito. Ella simplemente lo entendía.

Le entregó un pan dulce redondo cubierto de una pasta azucarada que lo hacía parecerse a una concha de mar y le sonrió.

"¿Estás pensando en algo?"

Leo asintió la cabeza. "Solo... unas cosas".

La tía Rosa levantó una ceja. "¿Cosas de Leo? ¿O cosas de la familia? ¿Es sobre dinero?"

Los ojos de Leo se abrieron bien grandes. "¡¡¡¿Cómo supiste?!!!"

Ella se rio. "Porque cuando tenía tu edad, era igualita. Yo también veía a mis papás susurrar sobre las cuentas que había que pagar. No entendía todo en ese entonces, pero lo intuía — como te pasa a ti ahora. Y también veo que tú quieres ayudar a tus papás".

Leo le dio una mordida al pan y murmuró entre las migas: “¿Cómo es que trabajan tanto y aún así siempre están preocupados?”

La tía Rosa asintió con la cabeza lentamente. “Esa es una buena pregunta, mijito. Y creo que ya es hora de que hablemos de eso. Pero no todo de golpe. Una historia a la vez. ¿Sale?”

Leo sonrió. “Sale”.

Leo todavía no lo sabía, pero ese fue el día en que todo empezó a cambiar.

Capítulo 2

La Casa Que Se Escapó

Hubo un tiempo en que Rosa Burgos pensaba que había hecho todo bien.

Tenía un esposo, Pedro Gómez. Tenía dos hijos, Santy y Lily. Tenía una casa con un jardín pequeño y un árbol que se inclinaba justo lo suficiente para verse bonito en las fotos.

No era una casa lujosa, pero era de ellos.

La gente le decía: "¡Lo lograste! ¡Estás viviendo el sueño americano!" Y ella realmente se lo creyó.

Hasta que todo se vino abajo.

La crisis llegó en el 2008. Al principio, parecían solo unos golpes — los precios subían, su esposo trabajaba más horas. Pero, después, empeoró.

El valor de su casa bajó y el pago subió. Su esposo discutía con ella todo el tiempo, y llegó un día en que ya no regresó a casa. Y las cuentas… esas no dejaban de llegar; no paraban por nadie.

Rosa trató de salvarlo todo. Pero, al final, perdió la casa a finales de 2010. El banco se la quitó, y con la casa también se fueron su orgullo, su paz y todo lo que le hacía tener seguridad.

Ella y sus hijos se mudaron a un pequeño apartamento y lucharon para salir adelante. Y por el primer año, apenas pudo sobrevivir.

Hasta que un día, mientras doblaba la ropa que había lavado, escuchó un pódcast que había puesto como sonido de fondo — algo sobre edificios de varias unidades.

Pausó, regresó el audio y lo escuchó otra vez.

Dijo en voz alta. “Espera... ¿Se puede comprar un edificio... vivir en uno de los departamentos... y rentar los otros?”

Sonaba como magia. Pero no lo era. Eran matemáticas.

Ese día, al final de enero de 2013, Rosa comenzó su segunda vida.

Encontró clases sobre bienes raíces, clases para ser dueño de casa y para tener propiedades de inversión. Empezó a hacer muchas preguntas. Conoció a otras personas que ya lo habían hecho — nuevos amigos que se parecían mucho a ella.

Para el final de 2013 ya estaba divorciada y lista para esta nueva etapa de su vida.

Aprendió sobre préstamos especiales para personas que compran por primera vez, y de subsidios y otros programas de ayuda.

Nunca supo que existía toda esta ayuda cuando ella y su exesposo compraron su primera casa.

También aprendió que los bancos trataban a los edificios de tres o cuatro unidades casi como si fueran casas comunes.

No tenía mucho… pero sí tenía suficiente dinero ahorrado para lograrlo. Y tenía a las personas adecuadas a su lado para guiarla.

Compró su primer edificio de 4 unidades con un préstamo de FHA al comienzo de 2014. Vivía en una unidad. Rentaba las otras tres.

Y, por primera vez en su vida, el alquiler pagaba la hipoteca, y le sobraba dinero para ahorrar. Por fin podía respirar.

Pero no se detuvo ahí. Siguió aprendiendo y compró más edificios.

Se hizo muy amiga de sus asesores, y se hizo muy buena amiga de David Hernández, su agente inmobiliario, y de Martín Puerta, el cura que abrió las puertas de la iglesia para conducir seminarios que ayudaban a la gente a no perder sus casas, aunque a Rosa eso no le salió bien.

Ahora Rosa tiene tres edificios. No porque quisiera ser rica… sino porque no quería volver a sentirse impotente nunca más.

Y hoy, años después de la crisis, miró a Leo — inteligente, curioso, sintiendo cosas en su corazón que aún no sabía ni cómo nombrarlas — y pensó:

“Tal vez puedo ahorrarle algo de tiempo”.

No para apresurarlo. No para presionarlo. Solo para plantar la semilla. Y regarla, poquito a poco.

CAPÍTULO 3

¿UN EDIFICIO QUE TE PAGA A TI?

Más adelante en esa semana, Leo se sentó con la tía Rosa en la mesa de su cocina. Ella le sirvió un vaso de jugo de mango y puso un plato de manzanas en rodajas con chile en polvo.

"Bueno", dijo Leo, lamiéndose los dedos llenos de chile en polvo. "Dímelo otra vez. ¿Tú compraste un edificio... Y la gente vive ahí... y te pagan a ti?"

La tía Rosa asintió con la cabeza. "Así es. Yo vivo en una unidad, y las personas que viven en las otras tres unidades pagan su renta. Esas rentas cubren mi pago de la hipoteca".

Leo parpadeó. "¿Entonces… no pagas nada por tu casa?"

La tía Rosa sonrió. "Pues No. Mi edificio se paga solo. Yo solo lo administro y cuido las unidades, para que las personas que viven allí estén contentas y me paguen su renta".

Los ojos de Leo se agrandaron. "¡Eso suena como un truco secreto!"

La tía Rosa se rio. "No es un truco, solo es una decisión inteligente".

Leo preguntó: "Pero… eso no es como… ¿para gente rica? Mis papás no son ricos. Nosotros nunca podríamos hacer algo así".

La tía Rosa se inclinó hacia él. "Leo, yo tampoco era rica. Estaba casi en quiebra cuando empecé. Pero encontré un préstamo que me ayudó a comprar un edificio con muy poquito dinero para el enganche".

“¿Qué tan poquito?” preguntó Leo, entrecerrando los ojos.

“Tres y medio por ciento”. dijo ella.

Leo frunció el ceño. “¿Eso es mucho?”

La tía Rosa soltó una risita. “No comparado con todo el precio del edificio. Es como comprar una sola rebanada de pizza, ¡pero te comes toda la pizza todos los días!”

Leo la miró fijamente. “¡Espera… ¿Cómo Dices?!!”

“Bueno, tal vez no fue el mejor ejemplo”. dijo la tía Rosa riéndose. “Pero el punto es que sí se puede. No tienes que ser rico. Solo tienes que aprender los pasos correctos”.

Leo se reclinó en su silla, mirando al techo. “¿Y por qué otra gente no hace esto?”

La sonrisa de la tía Rosa se desvaneció un poco. “Porque les da miedo. Porque suena complicado. Y porque nadie nunca les ha dicho que esto sí es posible.”

Leo pensó en sus papás. En lo cansados que se veían. En lo duro que trabajaban.

Miró a la tía Rosa. "¿Les contaste esto a mis papás?"

Ella dijo en voz baja: "Sí les dije, pero estaban nerviosos. Francisco dijo que no era para ellos. Que sonaba muy arriesgado".

Leo susurró: "Sí, siempre dicen que no quieren arriesgarse y que terminemos metidos en un problema. Dicen que Dios proveerá."

La tía Rosa asintió la cabeza. "A veces, el miedo suena como lógica. Pero en realidad, es solo el miedo vestido de seda. Dios te puede dar las herramientas, pero uno tiene que decidir si las usa o no."

Leo no dijo nada por un rato. Solo miró el vaso de jugo en sus manos.

Finalmente, dijo: “Quiero aprender cómo hacerlo. No ahora… pero algún día”.

La tía Rosa cruzó la mesa con el brazo y le apretó la mano.

“Y por eso te lo estoy contando ahora, mijo. Para que sepas que esto existe. Para que, cuando estés listo… ya tengas el mapa”.

Capítulo 4

Una Nueva Forma de Ver las Cosas

Al día siguiente en la escuela, Leo no podía dejar de pensar en lo que le dijo la tía Rosa.

Su maestra hablaba sobre fracciones, pero todo lo que Leo veía en su cuaderno era un número grande: 3.5%.

Lo escribió. Le hizo un círculo alrededor. Le dibujó un pequeño edificio al lado.

Se imaginó un apartamento con un perro ladrando. Otro con una abuelita preparando una sopa. Uno con un bebé llorando. Y uno con él y su familia — sin preocupaciones, sin susurrar, simplemente… tranquilos.

Levantó la vista. Todos los demás resolvían un problema de matemáticas sobre plátanos. Leo sonrió y pensó: “Ellos no tienen ni idea”.

Después de la escuela, caminó a casa pasando una fila de edificios. Algunos tenían pintura descascarada. Algunos parecían recién construidos. Comenzó a contar los grupos de ventanas.

"Uno, dos... tres... cuatro. Cuatro unidades. Justo como el edificio de mi tía Rosa."

Empezó a adivinar: "La renta debe ser como... $900 por apartamento. ¡Eso es $3,600 al mes!"

Se detuvo. "¿Y eso alcanzará para pagar el edificio y los otros gastos?"

No lo sabía. Pero quería saberlo.

Leo sacó su celular y buscó en la página de internet que la tía Rosa usaba con David: "¿Cuánto cuesta un edificio de 4 unidades en Chicago?"

Los números le dieron un poco de miedo. Pero también... lo emocionaron.

Esa noche en la cena, se quedó mirando a sus padres mientras hablaban de las compras, el pago de la hipoteca, el préstamo estudiantil de su mamá, las cuentas y la necesidad de llantas nuevas para el carro.

Quería decir algo. Pero todavía no.

En vez de eso, lavó los platos y se fue a su cuarto.

Abrió su cuaderno y escribió en la parte superior:

"Cosas que necesito aprender:"

• ¿Qué es una hipoteca?

• ¿Qué es un préstamo?

• ¿Qué hace que un edificio sea bueno?

• ¿Qué es el pago inicial? La tía Rosa mencionó eso.

• ¿Cuánto dinero necesitamos?

• ¿Qué cosas hubiera querido saber la tía Rosa cuando empezó?

Subrayó la última dos veces y susurró… "Yo voy a preguntarle eso mañana".

Capítulo 5

Lo Que Rosa Hubiese Querido Saber

Al día siguiente, Leo se sentó en la mesa de la cocina de la tía Rosa con su cuaderno abierto. Pasó hasta la página donde había escrito:

"¿Qué cosas hubiera querido saber la tía Rosa cuando comenzó?"

La tía Rosa estaba cortando mango y echándole limón y sal, justo como le gustaba a Leo.

Él carraspeó. "Tía Rosa, ¿te acuerdas cuando dijiste que aprendiste todo esto a la fuerza?"

Ella asintió con la cabeza.

"Bueno... ¿qué cosas hubieras querido saber en ese entonces?"

La tía Rosa sonrió y se sentó frente a él. "Uf, esa es una lista bien larga".

Leo levantó su lápiz. "Yo estoy listo".

Ella lo pensó un momento y luego dijo: “Hubiera querido que alguien me dijera que el miedo suena como lógica. Que solo porque algo nos da miedo, no significa que esté mal. Puede ser que simplemente sea algo nuevo para uno”.

Leo lo escribió.

Luego ella dijo: “también hubiera querido saber que tan poderoso puede ser un edificio de 4 unidades. Te lo voy a mostrar”.

Agarró una servilleta y dibujó cuatro cajitas.

“Esto es un edificio de 4 unidades. Una para que tú vivas en ella. Y tres que puedes alquilar”.

“¡Espera! Entonces, si yo vivo en una, ¿la renta de las otras tres... paga todo el edificio?!” dijo Leo.

La tía Rosa le guiña el ojo. “¡Exacto! No tienes que ser rico. Solo hay que ser inteligente”.

“¡Es como tener compañeros de casa que pagan por todo!” Leo sonrió tan grande que le dolía un poquito.

La tía Rosa se rio. “Es una forma de verlo.”

Sacó otra servilleta y dibujó tres casitas.

“Esto es lo que me hubiera gustado saber sobre las opciones que hay de las condiciones de las propiedades”, explicó la tía Rosa:

Casa A: Lista para mudarse. Cuesta más. Normalmente ya está terminada y no necesita reparaciones ni mejoras. Suelen haber varios compradores compitiendo por estas casas. A veces hay que pagar de más por ellas.

Casa B: Necesita algunas reparaciones. Cuesta menos. Estas casas pueden tardar más en venderse, y podrías negociar un mejor precio, o recibir dinero de regreso.

Casa C: Necesita muchas reparaciones y no se puede comprar con un préstamo regular. Cuesta menos porque requiere mucho trabajo y puede estar más tiempo en el mercado. También podrías negociar un mejor precio, o recibir dinero de regreso.

La tía Rosa susurró "¿Pero sabes qué? La Casa C tiene el tesoro mejor escondido".

"¿Tesoro?" Leo se inclinó. 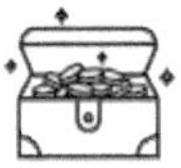

"La **equidad**. Es el dinero que ganas después de arreglarla. Como comprar una casa vieja, en mal estado, repararla y venderla por más. Recuperas tu dinero — y ganas un poco más — por el valor que le aumentaste al arreglarla", dijo la tía Rosa.

"Sí, muy bien. Me gusta arreglar cosas. Y me encantan los tesoros".

La tía Rosa continuó. "Ahora, digamos que quieres comprar una. Pero no tienes una montaña de dinero".

Casa A: Lista Para Mudarse

Casa B: Necesita Reparaciones

Casa C: Tesoro Escondido

Leo asintió con la cabeza. "¡Ni siquiera tengo una bici que

funciona!"

Ella sonrió. "Está bien. Los bancos tienen herramientas que se llaman '**préstamos**'".

Hizo unos pequeños cuadros y explicó:

Préstamos para gente que compra por primera vez: un préstamo FHA requiere solo el 3.5% de pago inicial, y un préstamo Convencional requiere al menos 5%. Ambas opciones son excelentes si estás comprando por primera vez. Financieramente son alcanzables cuando no tienes mucho dinero.

Préstamo FHA: Este es bueno cuando tienes un presupuesto ajustado o no tienes un crédito perfecto, o tienes más deuda de lo que quisieras. Tiene unos requisitos más estrictos.

Préstamo Convencional: Te puede dar acceso a ciertos programas de subvenciones y otros tipos de ayuda que el FHA no permite. Tiene diferentes requisitos.

Créditos: El FHA permite hasta el 6% de ayuda del vendedor para gastos de cierre. El Convencional solo permite hasta un 3%.

Préstamos de Renovación: Este se usa cuando hay que reparar o modernizar el lugar que vas a comprar. Este préstamo junta el costo de la casa con las reparaciones en un solo préstamo con un solo pago.

Préstamo VA: 0% de pago inicial para veteranos o militares activos.

El Dinero de las Rentas a Futuro Cuentan Como Ingreso: Si tu edificio tiene unidades para rentar, esa renta que esperas recibir puede ayudarte a calificar para un préstamo más grande.

Subsidios y Asistencia: Algunos bancos, ciudades o estados te ayudan con el pago inicial o los gastos de cierre. Esto se lo preguntamos a mi agente cuando llegue el momento, porque algunos programas tienen una fecha en que se terminan, a otros se les acaban sus fondos y otros simplemente son actualizados cada cierto tiempo.

Dinero de Regalo: Hasta la abuela u otros familiares puede ayudarte si te faltan ahorros.

Los ojos de Leo brillaban. "¡Es como construir un castillo de bloques de construcción con piezas prestadas!" 

"Exacto. Y hay más", dijo ella, pasándole otra servilleta.

Puso los números y las notas como si fueran piezas de un rompecabezas. 

 **Si compras un Condominio o una Casa**: tú pagas absolutamente todo solo.

 **Si compras uno de 2 Unidades**: tu inquilino te ayuda a pagar un poco, pero aún tienes que poner bastante dinero de tu bolsillo.

 **Si compras uno de 3 Unidades**: tus inquilinos te ayudan a pagar la hipoteca, pero aún podrías tener que poner dinero de tu bolsillo.

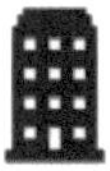 **Si compras uno de 4 Unidades**: tus inquilinos deberían cubrir todo el pago de la hipoteca y los gastos. Incluso te podría quedar dinero extra. Este dinero se ahorra y también sirve para poder cubrir cualquier imprevisto.

"Más unidades es igual a más dinero".

Leo hizo cuentas con los dedos.

"O sea... ¡Pago menos por tener más? Eso está bien loco".

"¡Sí! Tan loco que se convierte en árboles de dinero". La tía Rosa se rio. 😵‍💫💵🌳

Leo levantó una ceja. "¿Entonces es gratis?"

"No exactamente. En la vida, nada es realmente gratis, uno paga por todo, de una manera o de otra.

Por eso debes pagarte renta a ti mismo. Hay que separar cada mes la misma cantidad que tú le cobrarías a alguien más si les alquilaras tu unidad — y guarda ese dinero en el banco.

Evita engañarte a ti mismo pensando que vivir allí es gratis.

Asegúrate de pagarte al menos el precio de renta que dicta el mercado — pagarte menos es como hacerle trampa a tu propio futuro".

Leo asintió con la cabeza. ✅

"Entonces... ¿me pago a mí mismo, ahorro mi dinero y mis inquilinos pagan el edificio?"

"¡Exacto! ¡Esa es la jugada!" La tía Rosa se rio.

Luego Leo se puso serio. "Pero ¿y si los inquilinos no pagan?"

"Tienes que elegir inquilinos de una forma inteligente. ¿Recuerdas a David, mi agente? Él me ayuda a mí a rentar los apartamentos. ☺ Y ya que estén rentados, debes mantener lo que más puedas de dinero ahorrado. Por si acaso. Ese sería tu fondo de emergencia".

"¿Y si pierdo mi trabajo? ¿O si los inquilinos pierden sus trabajos?"

"Las rentas igual pagan el préstamo. Si es realmente necesario, puedes acceder a tus fondos de emergencia. Tendrás tiempo para recuperarte".

"¿Y si hago mal las reparaciones?"

"Tienes que contratar a gente que sí sabe hacer el trabajo. Eso es lo que hacen los adultos que ya saben de esto. No tratan de hacerlo todo ellos solos".

Leo asintió con la cabeza lentamente, anotándolo todo.

Luego ella se inclinó hacia él, con la voz suave. "Leo, el mundo te dirá: cómprate una casa grandota. Sé el jefe. Presume de lo que tienes. Pero eso solo deja tu billetera vacía. ¿Quieres saber cuál es la verdadera magia?"

Ella tocó la mesa como si tocara una puerta.

"Compra con inteligencia. Construye despacio. Deja que otros te ayuden a pagar tus propiedades. Y un día no tendrás que trabajar — tú podrás elegir si quieres trabajar.

Y eso... Eso es la verdadera libertad", dijo en voz baja.

Leo miró su cuaderno y escribió una línea más al final:

"Yo voy a construir mi imperio". 

Luego miró hacia arriba y sonrió.

"Yo voy a hacer esto", susurró Leo.

Y la tía Rosa le susurró de vuelta:

"Lo sé".

Capítulo 6

¿Y Si Mis Papás Pudieran Hacerlo?

Leo estaba sentado en su dormitorio con su cuaderno bien abierto y su mente dando vueltas.

Todo lo que dijo la tía Rosa tenía sentido.

Los números. Los edificios. Los préstamos.

La forma en que el miedo se disfraza de lógica.

Empezó a pensar en sus papás.

Eran buenas personas. Muy trabajadores. De los que hacían que el arroz con frijoles durara tres días sin quejarse.

Pero nunca hablaban de ser dueños de edificios. Ni de que la renta pagara la casa. Solo de cuentas. Y estrés. Y de que tal vez algún día... si las cosas mejoraban, iban a estar bien.

Leo mordió la punta de arriba de su lápiz.

"¿Y si la tía Rosa les contara de todo esto?"

Mundo de los Padres

Mundo de 4 Unidades

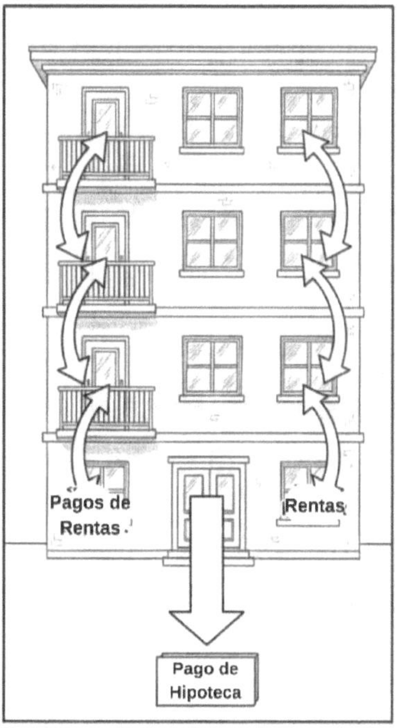

Ella dijo que ya lo había hecho. Y ellos dijeron que no. Muy arriesgado. Muy difícil. Eso no es para nosotros.

Pero. ¿Y si ellos vieran que no eran tan diferentes de ella?

Leo recordó lo que la tía Rosa le contó. Tenía que cuidar a Santy y a Lily. El tío Pedro los había dejado. Tenía un trabajo con el que apenas le alcanzaba para sobrevivir. Y aún así, encontró la forma de hacerlo.

Escribió:

"Tal vez solo necesiten escucharlo otra vez. De alguien en quien confíen. O tal vez... de mí".

Volvió a mirar los números: el edificio de 4 unidades, el pago inicial bajo, la idea de que la renta cuenta para calificar para un edificio, y por eso lo mejor es tener la mayor cantidad de rentas posibles.

No era magia. Era una estrategia.

Y tal vez, solo tal vez, si aprendía lo suficiente, él podría ser quien se los explicara de una forma que lo pudieran entender.

Porque la tía Rosa ya tenía el conocimiento. Sus papás ya tenían la disciplina de trabajo.

Susurró para si mismo: **"Solo tengo que hacer de puente."**

Luego sonrió y añadió algo en la parte superior de la página:

Misión: Ayudar a mis papás a comprar un edificio de 4 unidades.

Mission:
Help my parents
buy a 4-unit building.

Capítulo 7

¡Todavía No!

La tía Rosa llegó y se sentó en la mesa de la cocina con los papás de Leo.

Leo estaba sentado en silencio cerca de ellos, con su cuaderno en las piernas, fingiendo dibujar mientras escuchaba con atención.

La tía Rosa tenía su carpeta abierta, los papeles esparcidos como un pequeño mapa especial del camino que podían seguir.

Acababa de explicar cómo funciona un edificio de cuatro unidades. Una unidad para vivir. Tres para alquilar. La renta ayuda a pagar la hipoteca y te permite ahorrar dinero.

Leo ya había escuchado esto — pero oírlo de la tía Rosa dirigiéndose a sus papás, lo hizo sentir diferente. Más grande. Más real.

Sus papás se miraron entre ellos. Teresa levantó la ceja derecha y Francisco entrecerró los ojos por unos cuantos segundos. Luego volvieron a mirar los números en la hoja.

Francisco dijo: “Nosotros ya tenemos una hipoteca. ¿Eso no sería un obstáculo para conseguir otro préstamo?”

La tía Rosa asintió la cabeza con suavidad. “Podría ser. Especialmente si el banco ve que la mayor parte de sus ingresos ya va hacia el pago de la casa que tienen ahora”.

“¿Entonces no calificaríamos?” preguntó Teresa.

La tía Rosa dijo con calma: “No, a menos que vendan su casa… o la alquilen, esa es la regla. El banco necesita ver que tienen espacio en su presupuesto para el nuevo pago”.

Los papás de Leo se quedaron callados.

Leo lo sintió. Era esa pared invisible que volvía a levantarse.

Teresa dijo: “No estamos listos para vender. Esta es nuestra casa. Aquí criamos a Leo y a Gaby, y Leo ya está en la escuela. No es buena idea mudarse a mitad del año escolar”.

“Y alquilarla se siente muy arriesgado. ¿Y si no funciona? ¿Y si tenemos que pagar dos hipotecas? No podemos con todo eso”, agregó Francisco.

La tía Rosa no discutió. Solo asintió con la cabeza.

Ella dijo: “Está bien. No tienen que hacer nada ahora mismo. Pero si algún día cambian de opinión, o si quieren más detalles, ya saben dónde encontrarme. Yo siempre voy a estar aquí con ustedes, somos familia”.

Todos se quedaron sentados en silencio un momento.

Leo bajó la vista a su cuaderno. Sintió algo pesado en el pecho — no era exactamente decepción, pero era algo parecido.

Esa noche, después de que la tía Rosa se fuera y terminara de lavar los trastes, Leo se sentó en su cama.

Abrió su cuaderno y pasó las páginas con números, dibujos y cálculos rápidos.

Encontró una hoja en blanco.

En la parte de arriba escribió:

"Seguir aprendiendo".

Y debajo:

"Aunque ellos no estén listos".

Miró hacia el cuarto de Gaby. Todavía era una niña pequeñita — apenas aprendía a sostener un crayón.

Leo sonrió para sí mismo y agregó una línea más:

"Algún día, yo le voy a enseñar a ella también".

CAPÍTULO 8

LA GRAN IDEA DE LEO

La siguiente noche, Leo se sentó junto a la ventana, con el cuaderno abierto y la cabeza apoyada en la mano.

La luz de la luna iluminaba la página, pero no necesitaba luz para saber en qué estaba pensando.

Había estado pensando en eso todo el día.

Sus padres no estaban listos.

Pero tal vez alguien más sí podría estar listo.

Pasó la hoja con los dibujos de los cuadros y los cálculos de servilleta.

Luego tomó un lápiz y escribió una nueva pregunta en la parte de arriba:

"¿Y si alguien más pudiera hacerlo?"

Al día siguiente en la escuela, durante el almuerzo, Leo se sentó junto a su amigo Lucas.

Hablaron de lo de siempre — las tareas, los calcetines raros de su maestra y como la pizza de la cafetería sabía a arrepentimiento.

Pero luego Lucas dijo: "Mis papás dijeron que tal vez tengamos que mudarnos otra vez. El dueño les avisó que la renta subirá $300 en unos meses. No nos alcanza para pagar tanto".

Leo parpadeó. "¿Otra vez?"

Lucas asintió con la cabeza. "La tercera vez en dos años".

Leo miró a su alrededor, se inclinó hacia él y dijo: "¿Te puedo mostrar algo?"

Lucas se encogió de hombros. "Claro".

Leo sacó de su mochila una hoja doblada.

Era su dibujo — el de las cuatro unidades, las flechas y los números.

Lucas lo miró fijamente. “¿Qué es esto?”

“Es el modo en que mi tía compró su primer edificio. Ella vive en un apartamento. Las rentas de los otros apartamentos pagan el préstamo”, dijo Leo.

Las cejas de Lucas se levantaron. “¿Espera, en serio se puede hacer eso?”

“Sí. Y no es solo para gente rica. Mi tía empezó casi sin nada.

Aprendió cómo funciona. Y también hay programas que ayudan con el dinero que necesitas para empezar”, dijo Leo.

Lucas se acercó más. “¿Podrían mis papás hablar con ella?”

Leo sonrió. “Estaba esperando que dijeras eso”.

Esa noche, Leo abrió su cuaderno y añadió una nueva nota:

"Ayudar a la familia de Lucas a hablar con mi tía Rosa".

No era el plan con el que empezó.

Pero tal vez... era el comienzo de algo aún más grande.

CAPÍTULO 9

PRUEBA DE QUE SÍ FUNCIONA

Una semana después, Leo se sentó en los escalones del frente, de donde se veía la propiedad de la tía Rosa.

Estaba muy atento y un poco ansioso, mientras esperaba algo.

Lucas y sus padres venían caminando por la acera. Se veían nerviosos. Curiosos. Su mamá, Bertha, llevaba una carpeta en las manos. Su papá, Andrés, tenía preguntas en los ojos.

La tía Rosa ya había salió al porche. “Ustedes deben ser la familia Carril”, dijo con una sonrisa cálida.

Lucas sonrió. “Tía Rosa, ellos son mis papás”.

La tía Rosa les estrechó la mano, los invitó a pasar y les ofreció café, jugo y galletas, como ya tenía costumbre. Luego sacó la misma carpeta que le había mostrado a los papás de Leo unos días atrás.

Leo no entró. No necesitaba hacerlo.

Ya sabía lo que ella iba a decir.

Se quedó sentado en los escalones mirando la calle. Pasaban niños en bicicletas. Un señor paseaba a su perro. El cielo lucía suave y azul.

Dos horas después, se abrió la puerta. Lucas y su familia salieron — no sonreían, ni celebraban... pero estaban conversando. Estaban empezando a asimilar todo lo que habían hablado con la tía Rosa.

Lucas miró a Leo y le hizo un gesto de saludo con la cabeza.

Leo le devolvió el gesto.

Dos semanas después, Lucas le dijo:

“Vamos a pedir un préstamo al banco. Estamos buscando un edificio de 4 unidades con el señor Hernández, el agente de la tía Rosa”.

“¿De verdad?” Los ojos de Leo se iluminaron.

Lucas sonrió. “Sí. Mi papá dijo que ni siquiera hubiésemos pensado en eso si tú no nos hubieras dicho nada”.

Leo no sabía qué decir. Solo se quedó mirando un momento y luego dijo: “Estoy feliz por ustedes. ¡Esto es increíble!”

Esa noche, Leo se sentó en su cama, con su cuaderno sobre sus piernas.

Escribió:

“La familia de Lucas está comprando un edificio. Esto funciona de verdad”.

Hizo una pausa.

Y luego añadió:

“Tal vez mi familia también pueda hacerlo. Solo que todavía no”.

Capítulo 10

El Juego Largo

Días después, durante el fin de semana, Leo volvió a visitar a la tía Rosa. Esta vez eran solo ellos dos.

Se sentaron en el porche con tazas de té de hierba luisa. El sol comenzaba a esconderse detrás de los edificios, y la brisa olía a la carne asada del vecino.

Leo le contó todo.

Sobre Lucas.

Sobre su familia.

Sobre cómo ellos realmente estaban yendo detrás del edificio.

La tía Rosa lo escuchó con todo su rostro — asintiendo con la cabeza, sonriendo, dejándolo hablar.

Entonces le preguntó: “¿Y tú cómo te sientes acerca de todo eso?”

Leo miró hacia la calle. “Feliz. Y... un poco raro”.

“¿Raro?”

“Supongo que pensé... que yo sería el primero”.

La tía Rosa asintió la cabeza. “Eso es válido”.

“Pero también sé que no es una carrera. Se trata del momento correcto. Y ahora mismo... mi familia no está lista”.

“Todavía”, dijo la tía Rosa, levantando una ceja y bajando el mentón un poquito.

Leo sonrió. “Todavía”.

Se quedaron en silencio por un momento. Luego la tía Rosa metió la mano en su bolso y sacó una libreta pequeña — de esas con tapa blanda de cuero y el lomo cosido.

Se la entregó a Leo.

"¿Qué es esto?" preguntó él.

Ella lo miró a los ojos con una sonrisa suave, y luego dijo:

"Está en blanco... pero no por mucho tiempo. Úsala para anotar todo lo que aprendas. Tus preguntas. Tus ideas. Las cosas que quieras recordar. Y las cosas que quieras compartir".

Leo hojeó las páginas. Sentía que la libreta ya le pertenecía.

Escribió tres palabras en la primera página:

“El Juego Largo”.

CAPÍTULO 11

LA CHISPA SE EXPANDE

Unas semanas después, como casi todos los demás días de escuela, Leo se sentó a almorzar con Lucas. El aire ya estaba más frío, y la mayoría de los árboles afuera estaban empezando a perder sus hojas.

"¿Adivina qué?" dijo Lucas, casi sin poder contenerse. "Estamos bajo contrato. Es un edificio de 4 unidades entre el trabajo de mi mamá y nuestra escuela, así que no tengo que cambiarme de escuela ni perder a mis amigos".

Leo dejó caer su sándwich. "¡¿En serio?!"

Lucas asintió con la cabeza. "El banco nos confirmó que estamos bien para seguir. Y la tía Rosa y el señor David nos ayudaron a entender todo el proceso".

Leo sonrió tanto que le dolió la cara. "¡Eso es increíble!"

"Le dije a mis papás que tú eras la razón por la que empezamos a buscar. Me dijeron que te dijera... muchas gracias. Pues... muchas gracias, hermano, de verdad... ¡gracias por ayudarnos!" dijo Lucas.

Leo no sabía qué decir. Solo parpadeó y luego dijo: "Estoy muy feliz por ustedes. ¡Esto es totalmente genial!"

Esa noche, Leo escribió en su cuaderno nuevo — el que le regaló Rosa:

"La familia de Lucas está comprando un edificio. No es un sueño. Es un edificio real".

Se quedó pensando, mirando la hoja, y luego escribió:

“Mis papás no están listos. Pero yo sí”.

Pasó la página y dibujó un pequeño mapa:

Una casa.

Una flecha.

Luego, un edificio de 4 unidades.

Agregó una nota:

“Así es como avanzamos. Un paso a la vez”.

Miró por la ventana. Las luces de la ciudad parpadeaban suavemente a lo lejos.

“No estoy esperando. Estoy aprendiendo.

No estoy esperanzado en que tengamos buena suerte. Estoy haciendo planes.

No solo estoy soñando. Estoy construyendo”.

Capítulo 12

Un Día a la Vez

El fin de semana después de que la familia de Lucas se mudó a su nuevo edificio, Leo volvió a visitar a la tía Rosa. Esa mañana del sábado estaba bien soleada, más caliente de lo normal para esa época del año.

Esta vez, trajo su nuevo cuaderno, el que ella le había regalado.

Ya estaba medio lleno — dibujos de edificios, flechas, números, preguntas e ideas que aún no tenía claro si las entendía del todo.

Se sentaron en la cocina, tomando agua de Jamaica y escuchando el suave murmullo del tráfico afuera.

"Me enteré de que la familia de Lucas ya se mudó a su nuevo hogar", dijo la tía Rosa con una sonrisa.

Leo asintió con la cabeza: "¡Sí! Lo están haciendo realidad. Bendiciones para ellos".

"Tú los ayudaste a llegar hasta allá".

"Supongo que sí, pero yo todavía estoy aprendiendo", dijo Leo, sonrojándose un poco.

La tía Rosa se inclinó, abrió un cajón y sacó un sobre. Se lo entregó a Leo.

Dentro había una hoja de papel doblada. En la parte de arriba decía:

"Cosas que me hubiera gustado aprender antes".

Debajo había una lista — corta, simple y llena de sabiduría:

No esperes a tener todo el dinero.

Empieza en pequeño.

Haz preguntas.

Cuida lo que es tuyo.

Deja que otras personas te ayuden a crecer.

Construye despacio, construye con inteligencia.

Trata bien a tus inquilinos.

Cumple tu palabra.

Escribe las cosas.

No te olvides de para quién estás haciendo esto.

Leo la leyó dos veces. Luego la dobló y la guardó en la parte de atrás de su cuaderno.

"¿Qué es esto?" preguntó Leo.

La tía Rosa dijo: "Semillas. Plántalas cuando estés listo".

Leo sonrió.

Ese domingo, después de la misa, su casa estaba llena de personas y de olores diferentes.

Su papá estaba asando carne en el patio. Su mamá preparaba limonada en la cocina. Gaby corría persiguiendo burbujas y la tía Rosa estaba sentada en el porche con un abanico de papel y una bebida bien fría.

Hasta el Padre Martín vino por un rato después de su última misa del domingo. David pasó después de haber tenido una casa abierta al público.

No era un día festivo. Solo un buen día, caliente y soleado. Perfecto para estar en familia.

Leo se sentó en la mesa de picnic con su cuaderno. Sus primos se reían. Su tío contaba la misma historia de siempre. ¿Y Leo? Él escribía.

Escribió en un pequeño calendario, hizo círculos en algunas fechas. Hizo una lista para el verano. Incluso dibujó un nuevo edificio: uno con espacio para su familia y habitaciones extras para amigos.

La tía Rosa miró por encima de su hombro: "¿Todavía sigues planeando?"

"Siempre", Leo sonrió.

Ella asintió con la cabeza: "Así es como se empieza. Una página. Un paso. Un día a la vez".

Leo miró a su alrededor — a su familia, a su vecindario, a su hermanita bailando en el pasto.

Cerró su cuaderno y susurró: **"Un día, yo voy a ayudar a mis papás a hacer esto".**

Sostuvo el cuaderno cerca de su pecho y agregó:

"Y, cuando sea grande, yo también lo haré".

Luego miró al árbol de flor de cerezo afuera, bajo un cielo azul intenso y dijo una cosa más:

"Mientras tanto, seguiré compartiendo lo que sé y lo que aprenda — porque allá afuera hay alguien que necesita esto, igual que yo lo necesitaba".

El Cuaderno de Leo – Parte 1

Lo Que He Aprendido Hasta Ahora

- Un edificio de 4 unidades te permite vivir en un apartamento y alquilar los otros 3.
- La renta de los otros apartamentos puede cubrir tu hipoteca.
- Préstamos como FHA (mínimo 3.5% de inicial) y Convencional (mínimo 5% de inicial) ayudan a compradores primerizos.
- Un préstamo FHA permite más créditos del vendedor (hasta 6%), ideal si tienes más deudas o un presupuesto ajustado.

-  Un préstamo Convencional permite acceder a ciertos programas de ayuda que el FHA no te permite.
-  Puedes incluir reparaciones con un préstamo de renovación.
-  Puedes contar las rentas a futuro como ingreso para calificar para un préstamo más alto.
- No necesitas ser rico — necesitas una buena estrategia y la información correcta.
-  Debes pagarte renta a ti mismo, incluso si el edificio cubre la hipoteca y te deja una ganancia. Esto te ayuda a ahorrar.
- El miedo a veces suena como lógica, pero es solo el miedo disfrazado.
- Puedes empezar con algo pequeño. No tienes que hacerlo complicado.
- Haz preguntas siempre.
- Sé inteligente. Sé amable y respetuoso. Cumple tus promesas.
- Si no les ayuda a otros también, no estás construyendo de verdad.

- No dejes que la codicia se te suba a la cabeza. Mantente con los pies en la tierra.
- Rodéate de profesionales que te ayuden y te guíen.
- 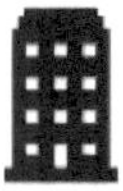 Aprende qué hace bueno a un edificio.
- Lee, aprende, escucha pódcasts y asiste a clases.

Comparando los Diferentes Tipos de Viviendas *(Lo que Aprendí)*

¿Qué tipo de casa? Lo Que Significa Cada Una Para Tu Dinero

Casa Familiar

Tú vives en toda la casa.

Tú pagas por todo — la hipoteca, los impuestos, el seguro, las reparaciones.

Nadie te ayuda a hacer los pagos.

Condominio

Eres dueño de tu departamento.

Tú pagas por todo, igual que en una casa unifamiliar.

Además, tienes que pagar una cuota mensual por cosas compartidas como el techo o los pasillos.

Edificio de 2 unidades

Vives en un apartamento y alquilas el otro.

La renta ayuda a pagar la hipoteca — pero solo cubre una parte, tú tienes que poner dinero de tu propio bolsillo para la hipoteca y los recibos.

Como no cubre mucho, uno tarda mucho tiempo en ahorrar un poco de dinero.

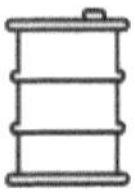

Edificio de 3 unidades

Vives en un apartamento y alquilas los otros dos.

La renta te ayuda a pagar la hipoteca — pero tal vez aún tengas que poner algo de dinero de tu bolsillo para la hipoteca y los recibos.

No siempre cubre todo, pero ayuda mucho para ahorrar un poco de dinero.

Edificio de 4 unidades

Vives en un apartamento y alquilas los otros tres.

La renta debe cubrir la hipoteca completa y los recibos — y, si haces las cosas bien, ¡te queda dinero extra!

Ese dinero extra lo puedes ahorrar o usar para reparaciones.

Todo lo que ahorres puede ayudarte a comprar el siguiente edificio.

En mi opinión, esta es la forma más inteligente de empezar.

Consejo importante: *Sé inteligente y págate renta a ti mismo.*

Eso significa que pongas ese dinero en el banco cada mes — como si pagaras renta de verdad — evita engañarte a ti mismo pensando que esto es gratis.

Nada es gratis. Asegúrate de pagarte a ti mismo al menos el precio de renta que dicta el mercado. Si ahorras ese dinero, estás construyendo tu futuro.

Invertir en tu propio futuro debe ser tu prioridad. Si te pagas muy poquito, te estás haciendo trampa a ti mismo.

¿Cuál es el Mejor Tipo de Propiedad para Generar Riqueza?

¿Qué es la equidad o plusvalía?

(En palabras sencillas)

La equidad es el valor que aumentas en algo que es tuyo.

Imagínate que compras una casa vieja pero barata porque necesita muchas reparaciones. La arreglas con pintura, ventanas y pisos nuevos. Rehaces la cocina y el baño principal. Luego alguien quiere comprártela — y te paga mucho más de lo que gastaste en comprarla y arreglarla.

¿Ese dinero extra que ganaste? Esa es la equidad.

Ahora imagina que no la vendes, en vez de eso te la quedas. Igual subió de valor — así que, si algún día la vendes o pides un préstamo de dinero usando esa propiedad, la parte que es "tuya" cuando comparas lo que vale la casa y lo que debes, esa es la equidad.

Cuando alguien compra una casa o edificio viejo y lo arregla para que valga más, y lo vende, eso se llama un **flip (en inglés,) que es una remodelación** de una propiedad para venderla y sacarle una ganancia.

Compras la casa, gastas dinero en los arreglos… y después la vendes por más de lo que pagaste en total. El **dinero** que te queda **después de pagar la deuda del banco y los gastos de reparaciones, eso** es la **equidad** que creaste.

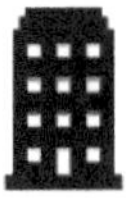

En un edificio que no vendes decides quedártelo, mientras vas cobrando las rentas y pagas la hipoteca, tu equidad va creciendo con el tiempo. Conforme vas pagando la deuda y pasa el tiempo, el edificio va subiendo de valor.

Es como plantar un árbol de manzanas en el jardín — este crece cada año.

La forma en que se veía cuando recién lo plantaste es totalmente diferente a como se ve hoy. Al principio era pequeño, sin manzanas.

Siete años después, está grande, te da sombra y frutas. Y aunque una tormenta rompió una rama grande el año pasado, el manzano sigue ahí.

Todo ese crecimiento del manzano se parece al crecimiento de la equidad en un edificio.

¿Qué es la Equidad?

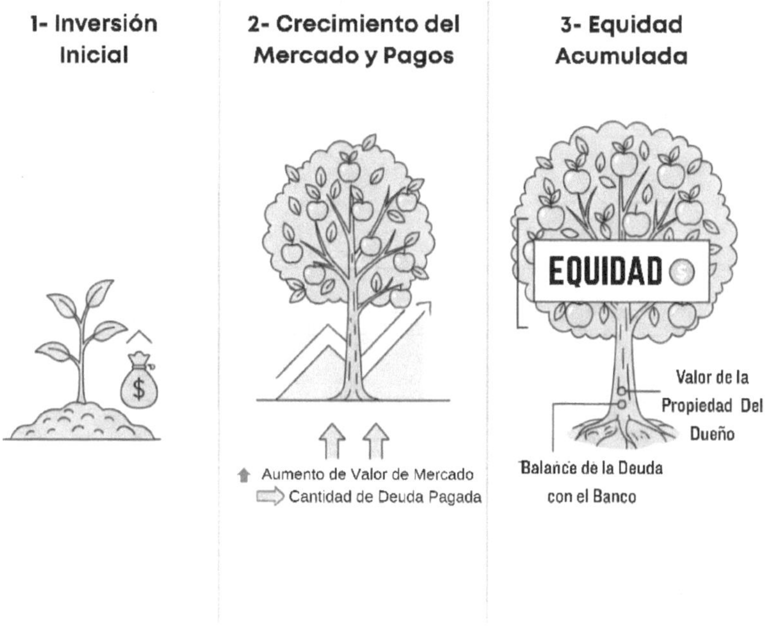

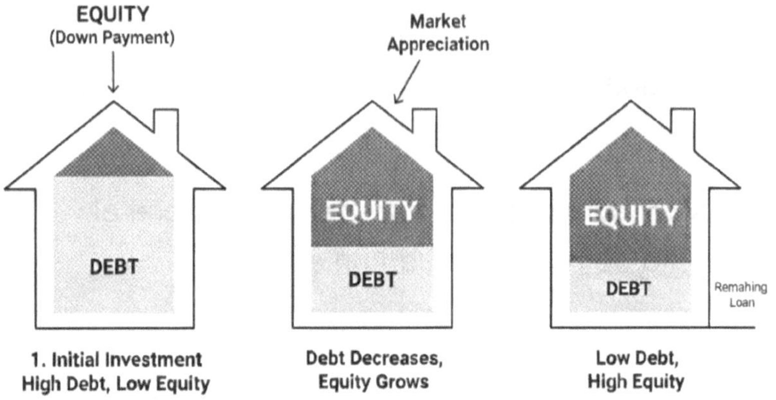
EQUITY
(Down Payment)
DEBT
1. Initial Investment
High Debt, Low Equity
Market
Appreciation
EQUITY
DEBT
Debt Decreases,
Equity Grows
EQUITY
DEBT
Remahing
Loan
Low Debt,
High Equity

FHA vs Préstamos Convencionales *(Cuando Estás Comenzando)*

Préstamo FHA

- Solo necesitas el **3.5%** como pago inicial
- Bueno para personas con **crédito bajo** o con **más deudas**
- Permite hasta el **6% en créditos del vendedor** para cubrir tus gastos de cierre
- **No permite** ciertos programas de ayuda o subvenciones especiales
- **Puedes usar el ingreso futuro de la renta para calificar**

Préstamo Convencional

- El pago inicial empieza en un **5%**
- Permite usar ciertos **programas de ayuda o subvenciones especiales** que el FHA no permite
- Solo permite **hasta el 3% en créditos del vendedor**
- **Puedes usar el ingreso futuro de la renta para calificar**

Hay diferentes herramientas para las diferentes necesidades de diferentes personas — ¡pero los dos préstamos pueden ayudarte a comenzar!

Préstamo FHA vs. Préstamo Convencional

Préstamo FHA	Préstamo Convencional
Enganche	
3.5% de Enganche	5-20% de Enganche
Puntaje de Crédito	
Crédito Flexible	Buen Crédito
Seguro de Hipoteca	
Seguro de Hipoteca por la Vida del Préstamo	Seguro de Hipoteca Removible
Condición de la Propiedad	
Reglas Más Estrictas	Reglas Generales

Mi plan *(Aunque No Todo Sea Posible Ahora)*

Cosas que puedo hacer ahora:

- Seguir aprendiendo — hacer preguntas, tomar notas, prestar atención.
- Observar cómo la gente trata el dinero y cómo hablan sobre ser dueños de propiedades.
- Visitar edificios y aprender a reconocer uno bueno.
- Practicar “matemática en la servilleta” — calcular las rentas y compararlas con los costos.
- Ayudar a mis amigos si necesitan esta información.
- Poner atención a mi propio dinero — ahorrar, aunque sea un poquito, me va a ayudar.
- Escribir todo lo que me dice mi tía Rosa.

- ✓ Aprender cómo funcionan los subsidios y otros programas de ayuda.
- ✓ Entender todos los números que necesito saber y prepararme para las distintas opciones.
- ✓ Saber cuáles son los otros gastos de tener un edificio.
- ✓ Averiguar cuáles son todas las responsabilidades de tener un edificio.
- ✓ Aprender a identificar quiénes son las personas que pueden ayudarme — las que necesito conocer para tener éxito.

Cosas que quiero hacer algún día:

- Ayudar a mis papás a tener un edificio de 4 unidades
- Comprar mi propio edificio de 4 unidades cuando sea grande
- Aumentar mis ahorros poco a poco
- Enseñarle esto a alguien que lo necesite
- Crecer despacio y con inteligencia — como dice la tía Rosa
- Convertir esto en algo grande para mi futuro

Mi Plan

Seguir Aprendiendo
Enseñar a Otros
Mi Plan
Ayudar a Mis Padres
Metas Futuras

La Construcción de Mi Vocabulario – (Parte 1)

Palabras que antes no conocía, ¡pero que ahora sí sé que significan! Ideas grandes explicadas en palabras sencillas.

- **Hipoteca (Mortgage)** – Un préstamo del banco que te ayuda a comprar una casa. Lo pagas poquito a poquito cada mes.
- **Pago Inicial o Enganche (Down Payment)** – El dinero que das al comienzo cuando compras algo grande, como un edificio.
- **Costos o Gastos de Cierre (Closing Costs)** – El dinero que pagas el día del cierre por el préstamo mismo. Incluye los cargos del banco, los impuestos de la venta y otros gastos.

- **Renta o Alquiler (Rent)** – El dinero que la gente paga cada mes para vivir en una casa o un apartamento.
- **Inquilino o Arrendatario (Renter or Tenant)** – Persona que alquila un lugar donde vivir de alguien más y le paga renta todos los meses.
- **Préstamo (Loan)** – Dinero que pides prestado y luego tienes que devolver, usualmente en pagos mensuales.
- **Préstamo de FHA (FHA Loan)** – Un tipo de préstamo que te deja comprar casa con un pago inicial bajo — solo 3.5%. Es más flexible que un préstamo convencional en algunos aspectos. Es bueno si no tienes un crédito perfecto o si tienes más deudas. Además, permite que el vendedor te ayude con los costos de cierre — hasta un 6%. Pero un préstamo FHA no se puede usar con algunas subvenciones o programas de ayuda.
- **Préstamo Convencional (Conventional Loan)** – Otro tipo de préstamo para personas que compran por primera vez, o que compran una segunda casa. Pide al menos 5% de pago inicial. Es bueno si tienes mejor crédito. Te permite usar algunas subvenciones y ayudas especiales que no se permiten con el FHA. Con este préstamo el vendedor solo puede ayudarte con el 3% de los costos de cierre.

- **Edificio de 4 Unidades (4-Unit Building)** – Un edificio con cuatro viviendas —puedes vivir en una y alquilas las otras tres.

- **Calificar para un Préstamo (Qualify for a Loan)** – Cuando el banco revisa tu situación de dinero y dice que sí, que puedes recibir un préstamo.

- **Estrategia (Strategy)** – Un plan inteligente que haces para alcanzar una meta, paso a paso.

- **Cierre (Closing)** – El día en que se completa la compra. Es cuando firmas los documentos, pagas el dinero del enganche, y te dan las llaves de la casa.

- **Edificio con Unidades (Building with Units)** – Un edificio que tiene más de un apartamento para vivir. Cada apartamento se llama "unidad", cada una es como una casita separada.

- **Comprador Primerizo (First-Time Buyer)** – Persona que nunca ha comprado una casa antes. A veces el banco, la ciudad o el estado ofrecen ayudas especiales a ciertas personas si califican para algún programa con requisitos específicos. Pregúntale a David.

- **Inversión (Investment)** – Algo que compras para que suba de valor y te ayude a ganar dinero más adelante.

- **Usar la Renta para Calificar (Using Rent to Qualify)** – Cuando el banco te deja usar la renta a futuro para ayudarte a calificar para un préstamo. En este caso no hay necesidad de tener experiencia como dueño de edificio de alquiler para hacerlo. Hay reglas específicas de cómo se usan las rentas para calificar.

- **Ayudas y Subsidios (Grants and Assistance)** – Dinero casi gratuito o asistencia para facilitar la compra de una casa. Algunas ciudades, bancos o estados te ayudan con el pago inicial o los gastos de cierre. Esto se lo preguntamos a David o al prestamista cuando llegue el momento, porque algunos programas tienen una fecha en que se terminan, a otros simplemente se les acaban los fondos, y otros son actualizados cada cierto tiempo.

- **Equidad o Plusvalía (Equity)** – El aumento en el valor de algo que es tuyo. Puedes hacer que aumente la equidad cuando tu propiedad sube de valor. Dependiendo de lo que debes ahora en esa propiedad, la equidad es la diferencia entre lo que debes ahora y lo que vale la propiedad en este momento. — Piensa en el aumento de valor de algo tuyo que sube de precio — como cuando compras un carro viejo y barato porque está dañado, lo arreglas y lo vendes por mucho más. Esa ganancia que tuviste, esa es la equidad.

- **Ingreso (Income)** – El dinero que ganas trabajando, vendiendo o alquilando algo que es tuyo.

- **Riesgo (Risk)** – Algo que te da miedo que pueda salir mal, pero que también podría valer la pena hacerlo. Es como intentar algo nuevo y, aunque te dé miedo, igual lo haces porque tiene un beneficio más grande que la posible pérdida.

- **Ser Dueño de Casa (To Be a Homeowner)** – Una persona que tiene una casa, ya sea porque la compró, la ganó o la heredó. La propiedad puede tener deuda de hipoteca o puede estar pagada completamente.

- **Matemáticas en Servilleta (Napkin Math)** – Un cálculo rápido y sencillo para ver si algo tiene sentido. Es tan fácil como escribir los números en una servilleta, un pedazo de papel o un cuaderno, solo para ver si los números podrían funcionar o no.

Una Nota de Leo

Hola,

Cuando era más chiquito, mi familia se mudaba mucho. Después compramos una casa — pero las cosas todavía seguían difíciles. Empecé a notar que algunos de mis amigos también tenían que mudarse, casi siempre porque el pago de la renta subía y tenían que buscar un lugar para vivir más barato.

No me gustaba ver eso y quería entender por qué ocurría.

Ahí fue cuando empecé a aprender con mi tía Rosa. ¿Y sabes qué? Descubrí que hasta los niños podemos empezar a entender cómo funciona el dinero y los edificios de alquiler. No tienes que esperar hasta ser un adulto.

Ahora veo las cosas de otra manera. Hago más preguntas. Tomo apuntes. Incluso hablo con mis amigos sobre esto.

Aunque mi familia todavía no ha comprado un edificio, sé que un día lo haremos. Y yo voy a estar listo cuando llegue ese momento.

Tú puedes hacer lo mismo. Solo sigue aprendiendo. Sigue haciendo preguntas. Y no te des por vencido. Escríbelo todo, igual como yo escribí en mi cuaderno todo lo que mi tía Rosa compartió conmigo.

Si tu familia está pasando por algo parecido, quiero que sepas esto — que no estás solo. Tú también puedes aprender, como yo. Puedes prepararte para el futuro.

Si estás leyendo esto y estás pensando: "¿Será que yo también puedo hacer eso?"

Mi respuesta es:

¡Sí, Tú Sí Puedes!

Tu amigo,

Leo Castillo

UN MENSAJE DE LA TÍA ROSA

Hola amiguita o amiguito,

Tal vez nadie te ha dicho esto antes, pero yo sí te lo voy a decir:

Eres inteligente. Eres fuerte. Y puedes ayudar a tu familia de gran manera — ¡aunque todavía seas una niña o un niño!

Hay gente que cree que solo los adultos pueden enseñar. Pero a veces, los niños también son los que guían el camino. Como Leo. Y tal vez... como tú.

No tienes que aprender todo en un solo día. Solo da un paso a la vez. Haz preguntas. Lee. Escribe lo que aprendes. Habla con alguien de confianza. Y poco a poco, te vas a preparar.

Espero que esta historia haya sembrado una semilla en tu corazón.

Ahora empieza a regarla — pero con acciones.

Con cariño,

Rosa Burgos

Un Mensaje de David

Hola

Si te viste reflejado en esta historia — aunque sea un poquito — espero que sientas lo mismo que yo he sentido al escribirla:

Que nuestras vidas son más que las cuentas que hay que pagar, o el estrés, o algunas preguntas sin responder.

Que venimos de familias que saben de lucha y sacrificio, y sobrevivimos.

Que merecemos más — y que ese "más" sí lo podemos construir con las estrategias y orientación adecuadas.

Esta historia no es solo ficción. Es un mapa.

Está inspirada en personas reales, barrios reales y decisiones reales.

Tal vez eres como Leo — listo para dar el siguiente paso.

O tal vez eres como Rosa — con ganas de enseñar y compartir lo que aprendiste.

O tal vez apenas estás comenzando, como Gaby — recién empiezas a ver el mundo de una manera nueva.

Donde sea que estés en tu vida, quiero ayudarte.

Esta labor es algo personal para mí. Lo he vivido, lo he enseñado y sigo yendo por este camino junto a familias como la tuya.

Así es que, si tú estás listo para:

Aprender más sobre bienes raíces y cómo ser dueño de una propiedad.

Recibir ayuda y la guía para comprar tu primera casa o tu primer edificio.

O simplemente tener a alguien que te ayude a aclarar dudas y que te dé ideas.

Contáctate conmigo:

www.hernandezchicago.info

773-250-7590

Sigamos construyendo. ¡JUNTOS!

Y si estas historias te ayudaron o te hicieron sentir algo — por favor pásasela a alguien que te importe.

Compártelo con un amigo. Una vecina. Un estudiante. Una mamá.

Alguien que necesite un poquito de esperanza, un poco de claridad o algo de inspiración.

No solo estamos ayudando a familias a tener sus casas — estamos ayudándolos a construir sus futuros, uno a la vez.

Con mucha esperanza para todos nosotros,

David J. Hernández

Creador de la serie ***El Plan de Leo***

www.elplandeleo.com

MIS NOTAS

La Misión de David

David J. Hernández es un agente inmobiliario enfocado en la compra y venta de propiedades de inversión en bienes raíces y ha dado clases en varias instituciones educativas. Su trabajo se ha centrado en compartir estrategias de inversión para la creación de ingresos. Ha vivido en Chicago por casi 40 años.

De niño, David no sabía gran cosa sobre cómo funcionaba el dinero, especialmente en lo relacionado con la vivienda. Ahora, de adulto, valora más lo duro que trabajaban las familias de clase trabajadora, que son las más necesitadas. Él entiende por qué la gente de clase trabajadora se mudaba tan seguido; y lo poco que se hablaba sobre ser dueño de una propiedad. Eso se le ha quedado grabado de adulto.

Hoy, David tiene una misión: Ayudar a cambiar esta historia.

A través de su trabajo y sus conocimientos prácticos sobre inversiones en bienes raíces, David ayuda a la gente a entender cómo el tener propiedades puede crear estabilidad financiera duradera y riqueza generacional. Tiene un compromiso por compartir este conocimiento con jóvenes, familias minoritarias y otras comunidades que históricamente han quedado fuera de estas conversaciones por mucho tiempo.

Esta historia es parte de un sueño más grande: hacer que los temas financieros dejen de darle miedo a las familias de clase trabajadora; y que la gente se dé cuenta que ellos también pueden aprender y utilizar estrategias para crear riqueza.

David cree en el poder de compartir historias para educar e inspirar. Pero más que nada, cree en plantar semillas desde temprano y en ayudar a que otros las cultiven, superando sus miedos y creencias limitantes. Él quiere ayudar a la gente a dar pasos inteligentes hacia su libertad financiera.

Si necesitas hablar sobre viviendas, cómo comprar una casa, cómo invertir en bienes raíces o si quieres saber por dónde empezar, **David está aquí para ayudarte.**

Contáctalo por llamada, texto o por WhatsApp:

773-250-7590

O visita su Página de Contacto para acceder a su página de internet, redes sociales, y otras herramientas:

www.hernandezchicago.info

ACERCA DEL AUTOR

David J. Hernández es un autor que fue profesor de universidad por más de una década, y tiene más de 20 años de experiencia ayudando a crear estabilidad financiera por medio de propiedades de alquiler. Su meta principal es enseñar a las familias cómo funciona el dinero para que todos puedan vivir tranquilos. David creció en una familia de negocios, aprendiendo que planear bien y trabajar con mucho esfuerzo son la base para construir una vida de superación, prosperidad y plenitud.

Como maestro en universidades como UIC, DePaul y St. Augustine College, David aprendió a explicar temas difíciles de forma sencilla. Creó un plan fácil de entender para que cualquiera, sin importar su nivel, mejore su futuro financiero por medio de propiedades de alquiler. David se esfuerza por hacer que las cosas difíciles sean fáciles de entender para todos. Toma ideas confusas sobre crédito, ahorros y préstamos hipotecarios, y las convierte en pasos simples que todos pueden seguir. Les enseña a sus clientes formas inteligentes de ser dueños de propiedades de alquiler, mostrándoles cómo ciertos tipos de edificios pueden generar ganancias para cubrir sus propios gastos y dejar ganancias. Esto ayuda a que las familias financieramente, lo que reduce sus niveles de estrés. Para poder dar siempre el mejor consejo a sus clientes, toma clases especializadas y se mantiene lo más informado posible.

David cree que cuando una persona tiene éxito, toda la comunidad se beneficia. Una de sus creencias es que debemos tratar a los demás como nos gustaría ser tratados. Se preocupa de cuidar del bienestar financiero de sus clientes y trabaja en ayudar a otras familias a prosperar. Cree que todos merecen la oportunidad de prosperar, crecer y escoger si son parte de la luz que ilumina al mundo. David nació en Perú, vive en Chicago desde 1989 y entiende muy bien los retos de las familias hispanas de clase trabajadora en los Estados Unidos. Su meta principal es compartir sus conocimientos con las familias que más lo necesitan. Cree que compartir esta información es la mejor forma de dar fuerza a la comunidad para que sus voces sean escuchadas.

Con sus libros y estilo de enseñar, David ayuda a que las familias y los jóvenes tengan mayor control de su dinero y que puedan construir un futuro más potente del que esperaban, usando las propiedades de renta para alcanzar sus metas.

Made in United States
Troutdale, OR
11/03/2026

56844693R00086